Freya and the Adventure of Light: Bilingual Swedish-English Christmas Stories for Kids

Pomme Bilingual

Published by Pomme Bilingual, 2024.

While every precaution has been taken in the preparation of this book, the publisher assumes no responsibility for errors or omissions, or for damages resulting from the use of the information contained herein.

FREYA AND THE ADVENTURE OF LIGHT: BILINGUAL SWEDISH-ENGLISH CHRISTMAS STORIES FOR KIDS

First edition. November 5, 2024.

Copyright © 2024 Pomme Bilingual.

ISBN: 979-8227247582

Written by Pomme Bilingual.

Table of Contents

Lena och den Försvunna Julbocken

Det var en kall vinterdag, och hela byn väntade ivrigt på att få se den stora julbocken stå på torget. Varje år byggde byns invånare en enorm julbock av halm, prydd med röda band och glittrande snö. Men i år var något fel. Julbocken var borta!

Lena, en nyfiken och smart liten flicka, gick förbi torget och såg bara en tom plats där bocken brukade stå. "Men var är julbocken?" undrade hon högt. Hon såg sig omkring, men det fanns inga spår av den stora bocken. Något måste ha hänt!

Bestämd att lösa mysteriet gav sig Lena ut på ett riktigt äventyr. Hon frågade runt i byn och letade efter ledtrådar. Till slut stötte hon på några små, konstiga fotspår i snön som ledde ut mot skogen. "Aha! Någon måste ha släpat iväg den," tänkte Lena och följde spåren.

Efter en lång promenad in i skogens djupaste del kom Lena fram till en mörk grotta. Hon hörde ett svagt skrockande ljud inifrån grottan och kikade försiktigt in. Där, mitt i grottan, stod julbocken! Men det var inte allt – en liten troll satt bredvid den och pyntade den med fler röda band och glittrande stenar från grottans väggar.

"Vad gör du med vår julbock?" frågade Lena strängt men försiktigt.

Trollet hoppade till av rädsla men tittade sedan sorgset på Lena. "Jag... jag är så ensam här i grottan," sa trollet och kliade sig i huvudet. "Jag ville bara ha något som kunde lysa upp min plats och få mig att känna mig lite gladare."

Lena tänkte efter. Hon förstod att trollet inte hade menat något illa, men hon visste också att byborna skulle bli ledsna utan sin älskade julbock. Hon satte sig bredvid trollet och sa, "Jag förstår att du är ensam, men julbocken betyder mycket för oss i byn. Kanske vi kan hitta en lösning?"

Trollet såg på Lena med stora ögon. "Vad menar du?" frågade han.

"Vad om vi bygger en liten bock till dig? En som kan stanna här i grottan och lysa upp din plats," föreslog Lena.

Trollet log brett. "Skulle du verkligen göra det för mig?"

"Så klart," svarade Lena. "Om du hjälper mig att bära tillbaka den stora bocken till torget, lovar jag att komma tillbaka och hjälpa dig att bygga en egen."

Trollet blev glad och nickade ivrigt. Tillsammans bar Lena och trollet försiktigt tillbaka den stora julbocken till byn, där invånarna gladdes över att se den på sin plats igen.

Som tack höll Lena sitt löfte och återvände till grottan med halm och röda band. Tillsammans byggde hon och trollet en liten julbock som fick stå i grottans mitt, och trollet kände sig aldrig ensamt igen.

Från den dagen blev trollet och Lena goda vänner, och varje år besökte Lena grottan för att hjälpa trollet med att pynta den lilla bocken. Och så spreds glädjen från julbocken inte bara till byn, utan även till ett litet troll i skogens mörkaste hörn.

Lena and the Missing Christmas Goat

It was a cold winter day, and the whole village was eagerly waiting to see the large Christmas Goat standing in the square. Every year, the villagers built an enormous goat made of straw, adorned with red ribbons and sparkling snow. But this year, something was wrong. The Christmas Goat was missing!

Lena, a curious and clever little girl, walked past the square and saw only an empty spot where the goat used to stand. "But where is the Christmas Goat?" she wondered aloud. She looked around, but there were no signs of the big goat. Something must have happened!

Determined to solve the mystery, Lena set out on a real adventure. She asked around the village and searched for clues. Finally, she stumbled upon some small, strange footprints in the snow that led out towards the forest. "Aha! Someone must have dragged it away," Lena thought and followed the tracks.

After a long walk deep into the forest, Lena came upon a dark cave. She heard a faint chuckling sound from inside and peeked cautiously in. There, in the middle of the cave, stood the Christmas Goat! But that wasn't all—a little troll was sitting beside it, decorating it with more red ribbons and sparkling stones from the cave walls.

"What are you doing with our Christmas Goat?" Lena asked sternly but gently.

The troll jumped in fright but then looked sadly at Lena. "I... I am so lonely here in the cave," said the troll, scratching his head. "I just wanted something that could brighten my place and make me feel a little happier."

Lena thought for a moment. She understood that the troll hadn't meant any harm, but she also knew that the villagers would be sad without their beloved Christmas Goat. She sat down next to the troll and said, "I understand that you are lonely, but the Christmas Goat means a lot to us in the village. Maybe we can find a solution?"

The troll looked at Lena with wide eyes. "What do you mean?" he asked.

"What if we build a little goat for you? One that can stay here in the cave and brighten your place," suggested Lena.

The troll beamed. "Would you really do that for me?"

"Of course," replied Lena. "If you help me carry back the big goat to the square, I promise to come back and help you build your own."

The troll was delighted and nodded eagerly. Together, Lena and the troll carefully carried the large Christmas Goat back to the village, where the villagers rejoiced to see it in its place again.

As a thank you, Lena kept her promise and returned to the cave with straw and red ribbons. Together, she and the troll built a little Christmas Goat that stood in the center of the cave, and the troll never felt lonely again.

From that day on, the troll and Lena became good friends, and every year Lena visited the cave to help the troll decorate the little goat. And so, the joy of the Christmas Goat spread not only to the village but also to a little troll in the darkest corner of the forest.

Den busiga Tomten på Björkbackens Gård

Erik och Maja var fyllda av förväntan när de anlände till sin morfars och mormors gård, Björkbackens gård, för att fira jul. Gården låg djupt inne i skogen, omgiven av snötäckta träd och gamla lada. Här på gården fanns något alldeles speciellt – en busig tomte!

Morföräldrarna hade alltid berättat om tomten, den lilla vätte som vaktade gården. Han var liten och gammal, med skägg och röda kläder, och han bodde i lagården. De sa att tomten var snäll om han blev väl behandlad, men kunde spela bus om han blev bortglömd.

På julaftons morgon vaknade Erik och Maja till ett riktigt kaos i köket. Saffransbullarna var halvätna, risgrynsgröten var utspridd över hela bordet, och en hög med mjöl låg utspridd över golvet.

"Det måste vara tomten!" viskade Maja.

"Han gillar att spela bus, men det här är lite för mycket," suckade Erik. "Vi måste göra något!"

Syskonen bestämde sig för att ge tomten en läxa. De planerade att ställa ut ett fat med risgrynsgröt – som tomten älskade – men att gömma sig och hålla koll på honom för att se vad han skulle göra.

På kvällen ställde de ut gröten i lagården och gömde sig bakom några höbalar. Efter en stund hörde de små, tassande steg. En liten figur smög fram ur skuggorna – det var tomten! Hans ögon glittrade av förtjusning när han såg gröten, och han började mumsa med ett brett leende.

Men plötsligt stannade han upp och sniffade i luften. Han vände sig om och stirrade rakt på Erik och Maja, som råkade ge ifrån sig ett litet fniss.

"Jag visste väl att någon var här," sa tomten och log med ett busigt leende. "Så ni ville fånga mig, va?"

Erik och Maja kom fram från sitt gömställe och sa, "Vi ville bara förstå varför du spelar så många bus!"

Tomten skrattade. "Jag ville bara påminna er om att uppskatta den gamla gården och traditionerna. Många har glömt att visa tacksamhet, och en tomte blir ensam då och då."

Erik och Maja tittade på varandra och förstod plötsligt. Tomten var inte bara en busig figur – han ville också känna sig uppskattad och vara en del av gårdens gemenskap.

"Förlåt oss, tomte," sa Erik. "Vi visste inte att du kände så."

Tomten nickade. "Om ni lovar att komma ihåg mig varje år, kanske jag kan ge er en liten gåva."

Erik och Maja lovade, och tomten log hemlighetsfullt. Han lyfte sin lilla hand och strödde lite glitter över dem. "Det här är min gåva till er – lycka och trygghet på gården. Så länge ni minns mig och tar hand om gården, kommer ni alltid att ha en tomtes beskydd."

Från den dagen glömde Erik och Maja aldrig att sätta ut en skål gröt till tomten varje jul. Och de visste att gården, tack vare tomtens magi, alltid skulle vara fylld av lycka och trygghet.

The Mischievous Tomte at Björkbacken Farm

Erik and Maja were filled with excitement as they arrived at their grandparents' farm, Björkbacken, to celebrate Christmas. The farm was deep in the woods, surrounded by snow-covered trees and an old barn. Here on the farm, there was something truly special—a mischievous tomte!

Their grandparents had always told stories about the tomte, a little sprite who watched over the farm. He was small and old, with a beard and red clothes, living in the barn. They said the tomte was kind if treated well, but he could play tricks if he was forgotten.

On Christmas Eve morning, Erik and Maja woke up to complete chaos in the kitchen. The saffransbullar (saffron buns) were half-eaten, the rice porridge was scattered all over the table, and a pile of flour was spread across the floor.

"It must be the tomte!" whispered Maja.

"He loves to play tricks, but this is a bit much," sighed Erik. "We need to do something!"

The siblings decided to teach the tomte a lesson. They planned to set out a plate of rice porridge—which the tomte loved—but to hide and keep an eye on him to see what he would do.

That evening, they placed the porridge in the barn and hid behind some hay bales. After a while, they heard small, sneaky footsteps. A little figure crept out of the shadows—it was the tomte! His eyes sparkled with delight when he saw the porridge, and he began to nibble with a wide smile.

But suddenly he stopped and sniffed the air. He turned around and stared right at Erik and Maja, who had accidentally let out a little giggle.

"I knew someone was here," said the tomte, grinning mischievously. "So you wanted to catch me, huh?"

Erik and Maja came out from their hiding spot and said, "We just wanted to understand why you play so many tricks!"

The tomte laughed. "I just wanted to remind you to appreciate the old farm and the traditions. Many have forgotten to show gratitude, and a tomte can feel lonely now and then."

Erik and Maja looked at each other and suddenly understood. The tomte was not just a mischievous figure—he also wanted to feel appreciated and be part of the farm's community.

"We're sorry, tomte," said Erik. "We didn't know you felt that way."

The tomte nodded. "If you promise to remember me every year, maybe I can give you a little gift."

Erik and Maja promised, and the tomte smiled knowingly. He lifted his tiny hand and sprinkled a bit of glitter over them. "This is my gift to you—happiness and safety at the farm. As long as you remember me and take care of the farm, you will always have a tomte's protection."

From that day on, Erik and Maja never forgot to set out a bowl of porridge for the tomte every Christmas. And they knew that the farm, thanks to the tomte's magic, would always be filled with happiness and security.

Astrid och de Sjungande Snöflingorna

Astrid älskade julmusik. Hon lyssnade på alla julsånger med stor glädje och kunde varje ton och ord utantill. Men när det kom till att sjunga inför andra, blev hon genast osäker och blyg. Trots att hon hade en vacker röst, vågade hon aldrig sjunga offentligt.

En kall decemberkväll var Astrid ute på en promenad i snöfallet. Snön låg tjock på marken och flingorna föll stilla från himlen. Plötsligt hörde hon ett svagt hummande ljud. Hon stannade upp och lyssnade. Det verkade komma från snöflingorna som virvlade runt henne i luften.

Förvånad lyfte Astrid handen, och en snöflinga landade försiktigt på hennes fingertopp. "Kan snöflingor sjunga?" viskade hon till sig själv.

Då hörde hon en mjuk, glittrande röst svara: "Vi kan sjunga när någon med ett varmt hjärta och ett kärleksfullt sinne lyssnar."

Astrid log och började sjunga lite för sig själv, nästan viskande. Till hennes förvåning sjöng snöflingorna med, och deras små röster smälte samman med hennes egen. Det lät som en mjuk, magisk melodi som fyllde vinternatten med harmoni.

Ju mer hon sjöng, desto starkare och självsäkrare blev hennes röst. Snöflingorna dansade runt henne i takt med musiken och verkade uppmuntra henne med sina glittrande toner.

"Du har en vacker röst, Astrid," viskade en av snöflingorna. "Varför gömmer du den?"

Astrid kände sitt hjärta bulta. "Jag har alltid varit rädd för att sjunga inför andra. Men med er... känns det inte lika skrämmande."

"Ta med dig vår sång till människorna," sa snöflingorna. "Visa dem den glädje som finns i din röst."

På julaftons kväll hölls den stora julkonserten i byns lilla kyrka. Astrid hade tidigare tänkt att bara sitta i publiken, men nu, tack vare snöflingornas modiga viskningar, bestämde hon sig för att delta. Hon steg upp på scenen och kände sig som om de sjungande snöflingorna fortfarande svävade runt henne, redo att hjälpa till.

När hon började sjunga, fylldes kyrkan av en varm, glittrande ton. Hennes röst var stark och klar, och hon märkte hur människor i publiken började le och lyssna med förtjusning. Astrid kände att snöflingorna sjöng med henne, och hon fylldes av en glädje hon aldrig känt förut.

Efter konserten kom många fram och tackade henne. "Din sång var underbar, Astrid," sa en gammal dam med tårar i ögonen. "Du fyllde hela kyrkan med glädje."

Astrid log och kände sig lyckligare än någonsin. Hon visste att hon hade övervunnit sin rädsla och hittat sin egen inre styrka – allt tack vare de magiska, sjungande snöflingorna.

Från den dagen vågade Astrid alltid sjunga med glädje, och hon visste att hon aldrig var ensam – hon hade snöflingornas sång i sitt hjärta för alltid.

Astrid and the Singing Snowflakes

A strid loved Christmas music. She listened to all the carols with great joy and could sing every note and word by heart. But when it came to singing in front of others, she immediately became unsure and shy. Despite having a beautiful voice, she never dared to sing publicly.

One cold December evening, Astrid was out for a walk in the snowfall. The snow lay thick on the ground, and the flakes gently fell from the sky. Suddenly, she heard a faint humming sound. She stopped and listened. It seemed to be coming from the snowflakes swirling around her in the air.

Surprised, Astrid lifted her hand, and a snowflake landed softly on her fingertip. "Can snowflakes sing?" she whispered to herself.

Then she heard a soft, sparkling voice reply, "We can sing when someone with a warm heart and a loving spirit listens."

Astrid smiled and began to sing a little to herself, almost whispering. To her surprise, the snowflakes joined in, their tiny voices blending with her own. It sounded like a soft, magical melody that filled the winter night with harmony.

The more she sang, the stronger and more confident her voice became. The snowflakes danced around her in time with the music, as if encouraging her with their shimmering tones.

"You have a beautiful voice, Astrid," whispered one of the snowflakes. "Why do you hide it?"

Astrid felt her heart pounding. "I have always been afraid to sing in front of others. But with you... it doesn't feel so scary."

"Take our song to the people," said the snowflakes. "Show them the joy that is in your voice."

On Christmas Eve, the big Christmas concert was held in the village's small church. Astrid had originally planned to just sit in the audience, but now, thanks to the snowflakes' brave whispers, she decided to participate. She stepped onto the stage and felt as if the singing snowflakes were still swirling around her, ready to help.

As she began to sing, the church filled with a warm, sparkling tone. Her voice was strong and clear, and she noticed how people in the audience began to smile and listen with delight. Astrid felt that the snowflakes were singing with her, and she was filled with a joy she had never experienced before.

After the concert, many people came forward to thank her. "Your song was wonderful, Astrid," said an old lady with tears in her eyes. "You filled the whole church with joy."

Astrid smiled and felt happier than ever. She knew she had overcome her fear and discovered her inner strength—all thanks to the magical, singing snowflakes.

From that day on, Astrid always dared to sing with joy, knowing that she was never alone—she carried the song of the snowflakes in her heart forever.

Oskar och den Magiska Julgransplundringen

Oskar älskade julen mer än något annat. Han älskade glittrande ljus, doften av pepparkakor, och framför allt – granen som stod mitt i vardagsrummet, fylld med ljus, kulor och godis. Men när jullovet började ta slut och vardagen närmade sig, kände Oskar ett sting av sorg. Han ville inte att julen skulle vara över.

"Varför måste vi ta ner granen?" suckade han till sin mamma.

"För att julen är slut, Oskar," svarade hon med ett leende. "Men vi ska ha en julgransplundring. Du kan bjuda in dina vänner, och vi ska plundra granen på allt godis och ha en riktig avslutningsfest."

Oskar blev genast gladare och började genast planera festen. Han bjöd in sina bästa vänner – Lisa, Anton och Emma – och de kom alla med sina juliga kläder och stora förväntningar. När de samlades runt granen, började de plocka ner godiset och de färgglada dekorationerna, en efter en.

Plötsligt märkte Oskar något märkligt. När han tog tag i en polkagris på en gren, kände han en svag vibration. Han tittade förvånat på godiset, och till sin stora förvåning började polkagrisen röra sig!

"Vad händer?" viskade han till de andra.

Innan någon hann svara, såg de hur alla dekorationerna på granen började skimra och glittra ännu starkare än förut. Karameller, kulor och glitter började dansa runt i luften, som om de var levande. Polkagrisarna snurrade, små glittersträngar ringlade sig runt barnens armar, och kulorna blinkade i olika färger.

"Det är en magisk julgransplundring!" ropade Emma, full av förtjusning.

Dekorationerna hade kommit till liv för att fira julens sista stund med dem. Barnen dansade runt granen tillsammans med de levande dekorationerna, och det kändes som om hela rummet var fyllt av magi och glädje. Polkagrisarna hoppade ner i deras händer, glittrande kulor rullade runt fötterna, och stjärnan på toppen av granen blinkade som en lysande fyr i rummet.

Oskar glömde helt bort sin tidigare sorg. Han insåg att även om julen tog slut, hade han alla dessa magiska minnen kvar. Och kanske, tänkte han, var det just därför julgransplundringen fanns – för att säga ett sista hejdå och tack till en underbar tid.

När kvällen kom och dekorationerna började sluta dansa och falla tillbaka på sina platser, kände Oskar sig varm och lycklig inombords. Han log mot sina vänner och sa, "Det här var den bästa julgransplundringen någonsin."

Efter festen kramade barnen varandra hejdå, och de alla gick hem med godisfickor och minnen av en magisk natt. Oskar visste att julen skulle komma tillbaka igen nästa år, men tills dess skulle han alltid minnas den magiska kvällen då dekorationerna kom till liv.

Oskar and the Magical Christmas Tree Party

Oskar loved Christmas more than anything else. He adored the sparkling lights, the smell of gingerbread, and above all—the tree that stood in the middle of the living room, filled with lights, ornaments, and candy. But as the Christmas holiday began to come to an end and everyday life approached, Oskar felt a pang of sadness. He didn't want Christmas to be over.

"Why do we have to take down the tree?" he sighed to his mother.

"Because Christmas is over, Oskar," she replied with a smile. "But we're going to have a Christmas tree party. You can invite your friends, and we'll strip the tree of all its candy and have a real farewell celebration."

Oskar immediately felt happier and began to plan the party. He invited his best friends—Lisa, Anton, and Emma—and they all arrived in their festive clothes, filled with anticipation. As they gathered around the tree, they started to take down the candy and colorful decorations, one by one.

Suddenly, Oskar noticed something strange. When he grabbed a candy cane from a branch, he felt a faint vibration. He looked at the candy in astonishment, and to his great surprise, the candy cane began to move!

"What's happening?" he whispered to the others.

Before anyone could answer, they saw all the decorations on the tree begin to shimmer and glitter even brighter than before. Candies, ornaments, and sparkles started to dance around in the air, as if they were alive. The candy canes twirled, small strands of glitter wrapped around the children's arms, and the ornaments blinked in different colors.

"It's a magical Christmas tree party!" Emma shouted, filled with delight.

The decorations had come to life to celebrate the last moments of Christmas with them. The children danced around the tree alongside the living decorations, and it felt as if the entire room was filled with magic and joy. Candy canes hopped into their hands, glittering ornaments rolled around their feet, and the star atop the tree twinkled like a shining beacon in the room.

Oskar completely forgot his earlier sadness. He realized that even though Christmas was coming to an end, he still had all these magical memories. And perhaps, he thought, that was the very purpose of the Christmas tree party—to say one last goodbye and thank you for a wonderful time.

As the evening wore on and the decorations began to stop dancing and settle back into place, Oskar felt warm and happy inside. He smiled at his friends and said, "This was the best Christmas tree party ever."

After the party, the children hugged each other goodbye, each going home with pockets full of candy and memories of a magical night. Oskar knew that Christmas would come back again next year, but until then, he would always remember the magical evening when the decorations came to life.

27

Hemligheten Bakom Morfar Nils' Pepparkakshus

Ebba älskade att besöka sin morfar Nils, särskilt under julen. Morfar hade alltid ett nytt pepparkakshus stående på bordet, vackert dekorerat med kristyr, godisar och små detaljer som gjorde huset till ett riktigt konstverk. Men varje år, när julen var över, försvann pepparkakshuset spårlöst. Ebba undrade alltid vad som hände med dem, men morfar bara log hemlighetsfullt och sa inget.

En dag, när Ebba besökte morfar och gick in i hans arbetsrum, såg hon ett alldeles nytt pepparkakshus. Hon närmade sig det försiktigt, men råkade snudda vid en av de tunna väggarna, som sprack och föll ihop.

"Oh nej!" utbrast Ebba, förskräckt över vad hon gjort.

Morfar Nils kom in och såg pepparkakshusets skada, men han skrattade bara och sa, "Ingen fara, Ebba. Det är dags att du får veta hemligheten bakom mina pepparkakshus."

Ebba tittade förvånat på sin morfar när han satte sig bredvid henne. "Du vet, när jag var barn, brukade jag göra pepparkakshus med min egen morfar. Men det finns något speciellt med dessa pepparkakshus," viskade han med glimten i ögat.

Morfar Nils berättade hur han en gång, när han var liten, hade byggt ett pepparkakshus och dekorerat det med kristyr och små godisar. Men den gången hade han önskat att huset kunde skydda honom, eftersom han och hans vänner hade gömt sig från några busiga pojkar som ville skrämma dem. Till hans förvåning började pepparkakshuset glittra och skina, och det blev så stort att han och hans vänner kunde gömma sig inuti.

Ebba lyssnade, fascinerad. "Kan pepparkakshus vara magiska, morfar?"

"Ja, på sitt eget sätt," sa morfar och log. "Men det handlar inte bara om magi. Det handlar om att lägga sitt hjärta och sin kärlek i det man gör. Det är därför jag fortsätter att bygga dessa hus varje år – för att minnas min egen barndom och dela traditionen med dig."

Ebba fick hjälpa morfar att laga det trasiga huset, och under tiden lärde han henne sina hemliga knep: hur man gör kristyren perfekt och var man ska sätta godisarna för att få huset att se ut som om det var taget direkt ur en saga.

När de var färdiga tittade Ebba stolt på huset. "Det är vackert, morfar," sa hon.

Morfar Nils log och sa, "Och nu, Ebba, är det din tur att föra traditionen vidare. Nästa år kan vi göra ett pepparkakshus tillsammans, och en dag kanske du bygger ett på egen hand och delar det med dina barn."

Ebba kände en värme i hjärtat och insåg att pepparkakshusens verkliga magi låg i att skapa dem tillsammans med sin älskade morfar, att dela hemligheter och minnen, och att fortsätta en tradition som hade funnits i generationer.

Från den dagen såg Ebba på pepparkakshus på ett helt nytt sätt. Hon visste att de inte bara var dekorationer – de var fyllda med familjens kärlek och minnen, och hon lovade sig själv att en dag föra morfars tradition vidare.

The Secret Behind Grandpa Nils' Gingerbread House

Ebba loved visiting her grandpa Nils, especially during Christmas. Grandpa always had a new gingerbread house displayed on the table, beautifully decorated with icing, candies, and tiny details that made the house a true work of art. But every year, when Christmas was over, the gingerbread house vanished without a trace. Ebba always wondered what happened to them, but Grandpa just smiled mysteriously and said nothing.

One day, when Ebba was visiting Grandpa and entered his workshop, she spotted a brand new gingerbread house. She approached it cautiously, but accidentally brushed against one of the thin walls, causing it to crack and collapse.

"Oh no!" exclaimed Ebba, horrified at what she had done.

Grandpa Nils came in and saw the damage to the gingerbread house, but he just laughed and said, "No worries, Ebba. It's time for you to learn the secret behind my gingerbread houses."

Ebba looked at her grandpa in surprise as he sat down beside her. "You know, when I was a child, I used to make gingerbread houses with my own grandpa. But there's something special about these gingerbread houses," he whispered with a twinkle in his eye.

Grandpa Nils told her how, once when he was little, he built a gingerbread house and decorated it with icing and little candies. But that time, he wished the house could protect him, as he and his friends were hiding from some mischievous boys who wanted to scare them. To his astonishment, the gingerbread house began to glitter and shine, becoming so large that he and his friends could hide inside.

Ebba listened, fascinated. "Can gingerbread houses be magical, Grandpa?"

"Yes, in their own way," said Grandpa with a smile. "But it's not just about magic. It's about putting your heart and love into what you do. That's why I keep building these houses every year—to remember my own childhood and to share the tradition with you."

Ebba got to help Grandpa repair the broken house, and during that time, he taught her his secret tricks: how to make the icing perfect and where to place the candies to make the house look like it came straight out of a fairy tale.

When they finished, Ebba proudly looked at the house. "It's beautiful, Grandpa," she said.

Grandpa Nils smiled and said, "And now, Ebba, it's your turn to carry on the tradition. Next year, we can make a gingerbread house together, and one day, you might build one on your own and share it with your children."

Ebba felt warmth in her heart and realized that the real magic of the gingerbread houses lay in creating them together with her beloved grandpa, sharing secrets and memories, and continuing a tradition that had been passed down for generations.

From that day on, Ebba looked at gingerbread houses in a whole new way. She knew they weren't just decorations—they were filled with family love and memories, and she promised herself that one day she would continue Grandpa's tradition.

Viggo och det Snötäckta Äventyret för att Hitta Jultomten

Det var en kall decemberdag, och snön låg som ett tjockt täcke över Viggos lilla by. Viggo satt på köksstolen och lyssnade när hans storebror berättade en spännande historia.

"De säger att Jultomten har setts i skogen, djupt därinne bland träden," viskade hans storebror med stora ögon. "Han håller visst till där med sina renar, där ingen kan hitta honom."

Viggo kände ett pirr i magen. Tänk om han kunde få se Jultomten! Han hade hört alla sagor om Jultomten som kom från de snöiga trakterna i norr och som besökte barn på julafton, men han hade aldrig träffat honom. Nu hade han en chans!

Utan att säga något till sina föräldrar smög Viggo på sig sina varmaste kläder, mössa och vantar, och gav sig av ut i snön. Skogen låg tyst och stilla, med trädgrenar täckta av gnistrande snö. Viggo trampade fram genom snön, hans andetag gjorde små moln i luften.

Efter en stund började han höra något – ett svagt pinglande ljud, som små bjällror. Han följde ljudet genom snön och kom till en glänta. Där, mitt i den vita snön, såg han en hjord av renar som betade lugnt. En av dem hade en bjällra runt halsen, som klingade varje gång den rörde sig.

Viggo gömde sig bakom ett träd och tittade med stora ögon. Var det här Jultomtens renar? Hans hjärta bultade av spänning. Plötsligt hörde han ett djupt, glatt skratt – ett "Ho, ho, ho!" som ekade genom skogen.

Med hjärtat i halsgropen tittade Viggo fram från sitt gömställe. Där, på en stubbe mitt i gläntan, satt en gammal man med långt vitt skägg och klädd i en röd rock. Han såg precis ut som Jultomten! Mannen tittade på renarna och skrattade när en av dem busigt nosade honom på kinden.

Viggo kunde inte hålla sig längre. Han steg fram och sa med blyg röst, "Är du... är du Jultomten?"

Den gamle mannen vände sig om och log varmt mot honom. "Kanske det, kanske inte," svarade han med ett mystiskt leende. "Vad tror du, Viggo?"

Viggo gapade. "Hur vet du vad jag heter?"

Mannen skrattade och reste sig upp. "Jag vet många saker, min vän. Men ibland är det inte viktigt vem man är, utan vad man gör. Jag är här för att ta hand om renarna och sprida lite glädje."

Viggo kände en värme inom sig. Han kanske aldrig skulle få veta om detta verkligen var Jultomten, men på något sätt spelade det ingen roll. Att stå här, mitt i vinterskogen, med den vänliga gamle mannen och renarna, kändes som ren magi.

När solen började gå ner och det blev dags att återvända hem, log mannen mot Viggo och sa, "Kom ihåg, Viggo, ibland hittar vi det vi söker när vi minst anar det. Tro på magin, så kommer den alltid att finnas där."

Viggo vinkade hejdå till mannen och renarna och sprang hem genom skogen, fylld av glädje och spänning. Han visste att han hade varit med om något alldeles speciellt.

När han kom hem berättade han för sina föräldrar om sitt äventyr, men han behöll en liten bit av hemligheten för sig själv. Vem vet, kanske det var Jultomten, eller kanske bara en vänlig gammal man. Men en sak visste han – magin fanns verkligen där ute i skogen.

Viggo and the Snow-Covered Adventure to Find Santa

It was a cold December day, and the snow lay like a thick blanket over Viggo's small village. Viggo sat on a kitchen chair, listening as his older brother told an exciting story.

"They say that Santa has been seen in the forest, deep among the trees," his brother whispered with wide eyes. "He's said to hang out there with his reindeer, where no one can find him."

Viggo felt a flutter of excitement in his stomach. What if he could actually see Santa? He had heard all the tales about Santa coming from the snowy lands of the north to visit children on Christmas Eve, but he had never met him. Now he had a chance!

Without telling his parents, Viggo put on his warmest clothes, hat, and mittens, and set off into the snow. The forest lay silent and still, with tree branches covered in sparkling snow. Viggo trudged through the snow, his breath forming small clouds in the cold air.

After a while, he began to hear something—a faint jingling sound, like tiny bells. He followed the sound through the snow and came to a clearing. There, in the middle of the white snow, he saw a herd of reindeer grazing peacefully. One of them had a bell around its neck that jingled every time it moved.

Viggo hid behind a tree and watched with wide eyes. Were these Santa's reindeer? His heart raced with excitement. Suddenly, he heard a deep, cheerful laugh—a "Ho, ho, ho!" that echoed through the forest.

With his heart in his throat, Viggo peeked out from his hiding spot. There, on a stump in the clearing, sat an old man with a long white beard, dressed in a red coat. He looked just like Santa! The man chuckled as one of the reindeer playfully nudged him on the cheek.

Viggo could no longer hold back. He stepped forward and said in a shy voice, "Are you... are you Santa?"

The old man turned and smiled warmly at him. "Maybe I am, maybe I'm not," he replied with a mysterious grin. "What do you think, Viggo?"

Viggo gaped. "How do you know my name?"

The man laughed and stood up. "I know many things, my friend. But sometimes it's not about who you are, but what you do. I'm here to take care of the reindeer and spread a little joy."

Viggo felt a warmth inside him. He might never know if this was truly Santa, but somehow it didn't matter. Standing there, in the winter woods with the kind old man and the reindeer, felt like pure magic.

As the sun began to set and it was time to head home, the man smiled at Viggo and said, "Remember, Viggo, sometimes we find what we're looking for when we least expect it. Believe in magic, and it will always be there."

Viggo waved goodbye to the man and the reindeer and ran home through the forest, filled with joy and excitement. He knew he had experienced something truly special.

When he got home, he told his parents about his adventure, but he kept a little bit of the secret to himself. Who knows, maybe it was Santa, or maybe just a kind old man. But one thing he knew for sure—magic truly existed out there in the woods.

Freja och Ljusets Äventyr

Det var en kall och snöig kväll i december, och lilla Freja satt i sitt rum och drömde. Hon drömde om att få bära ljuskronan och leda St. Lucia-processionen i sin by. Varje år hade de en fantastisk fest, och i år var det hennes tur att vara Lucia. Men när kvällen för firandet kom, hände något oväntat.

En plötslig snöstorm svepte över byn, och snön föll som stora vita flingor, täckande gatorna i ett tjockt lager av vitt. Freja tittade ut genom fönstret och såg att allt var tyst. Hennes hjärta sjönk när hon insåg att de andra barnen var för rädda för att gå ut. Ingen ville lämna sina hem, och det såg ut som om Lucia-traditionen skulle försvinna.

Men Freja var bestämd. Hon ville inte att traditionen skulle dö ut. Hon snörde på sig sina stövlar, tog på sig sin varma jacka och gick upp på vinden där hennes mormor hade berättat om en gammal, magisk lykta. När hon väl hittade den, glänste den som om den hade en egen stjärna inuti.

Med lykta i hand trädde Freja ut i snön. Det kalla vädret bet henne i kinderna, men hon kände en glädje sprida sig inom sig. Hon började sjunga den vackra Lucia-sången. Hennes röst var stark och klar, och snön tycktes dansa omkring henne.

Till hennes stora förvåning kom en liten ekorre först, nyfiken på ljuset. Snart följde en hjort, och sedan fler och fler skogsdjur. De samlades runt henne, alla lockade av hennes sång och ljus.

Tillsammans fortsatte de genom snön, Freja och hennes nya vänner, som om de var en del av en stor, magisk procession.

Freja och djuren kom till byns torg, som var helt stilla. Men nu hade Freja ljuset från sin lykta och sällskap av sina vänner. Med djuren runt omkring sig började hon sjunga högre och mer glädjefyllt.

Det dröjde inte länge innan fler och fler bybor tittade ut genom sina fönster. När de såg ljuset och hörde sången, kände de sig inspirerade. De klädde på sig sina varma kläder och kom ut för att se vad som hände.

Snart var hela byn samlad på torget, fylld av ljus, skratt och sång. Freja ledde processionen med sina djur som dansade runt henne, och hennes hjärta svämmade över av glädje. De tände ljus, delade pepparkakor och sjöng tillsammans, och den kalla, snöiga kvällen blev en oförglömlig fest.

Så firades St. Lucia i den lilla byn, och Freja visade alla att mod, gemenskap och tradition kan lysa starkare än snöstormar.

Freya and the Adventure of Light

It was a cold and snowy evening in December, and little Freja sat in her room, dreaming. She dreamed of wearing the crown of lights and leading the St. Lucia procession in her village. Every year, they had a fantastic celebration, and this year it was her turn to be Lucia. But when the night of the celebration arrived, something unexpected happened.

A sudden snowstorm swept over the village, and the snow fell like big white flakes, covering the streets in a thick layer of white. Freja looked out the window and saw that everything was silent. Her heart sank as she realized that the other children were too scared to go outside. No one wanted to leave their homes, and it seemed like the Lucia tradition would fade away.

But Freja was determined. She didn't want the tradition to disappear. She put on her boots, slipped into her warm jacket, and climbed up to the attic where her grandmother had told her about an old, magical lantern. When she finally found it, it shone as if it had a star inside.

With the lantern in hand, Freja stepped out into the snow. The cold weather bit at her cheeks, but she felt a joy spreading within her. She began to sing the beautiful Lucia song. Her voice was strong and clear, and the snow seemed to dance around her.

To her great surprise, a little squirrel appeared first, curious about the light. Soon, a deer followed, and then more and more forest animals came. They gathered around her, all drawn by her song and light. Together, Freja and her new friends continued through the snow, as if they were part of a grand, magical procession.

Freja and the animals reached the village square, which was completely still. But now Freja had the light from her lantern and the company of her friends. With the animals surrounding her, she began to sing louder and more joyfully.

It wasn't long before more and more villagers peeked out of their windows. When they saw the light and heard the song, they felt inspired. They put on their warm clothes and came outside to see what was happening.

Soon the whole village gathered in the square, filled with light, laughter, and song. Freja led the procession with her animals dancing around her, and her heart overflowed with joy. They lit candles, shared gingerbread cookies, and sang together, transforming the cold, snowy evening into an unforgettable celebration.

Thus, St. Lucia was celebrated in the little village, and Freja showed everyone that courage, community, and tradition can shine brighter than snowstorms.

Maja och Stjärnljuset

M aja var en livfull flicka som bodde i en liten by känd för sina vackra julbelysningar. Varje år lyste julstjärnan över torget och spred glädje och ljus under vintermörkret. Men i år stod byn inför ett stort problem: julstjärnan hade försvunnit!

Maja var besluten att rädda julstämningen och bestämde sig för att ge sig ut på en äventyrsresa för att hitta stjärnan. Hon klädde sig varmt och gav sig av in i den snöiga skogen. Snön föll mjukt omkring henne, och snart mötte hon en vänlig ren som hette Snöflinga.

"Hej, Maja!" sade Snöflinga med en vänlig röst. "Jag hörde om ditt uppdrag att hitta julstjärnan. Jag kan guida dig genom skogen!"

Tillsammans vandrade de genom den snötäckta skogen, där de stötte på olika utmaningar. Först mötte de en gammal uggla som satt på en gren och såg vis ut.

"Om ni vill hitta julstjärnan, måste ni lösa ett gåta," hoade ugglan. "Vad är det som lyser klart på natten men aldrig brinner?"

Maja tänkte noga och svarade, "Det måste vara stjärnorna!" Ugglan nickade och gav dem en ledtråd till nästa steg i deras sökande.

Men deras resa blev snart stökig när de stötte på en busig tomte som försökte lura dem. "Vill ni inte hellre leka än att leta efter en gammal stjärna?" sa tomten med ett skratt.

Maja var listig och sade, "Om du hjälper oss att hitta stjärnan, så kan vi leka tillsammans efteråt!" Tomten, nyfiken på leken, gick med på att hjälpa dem.

Till slut kom de till en glänta där de fann stjärnan, men den var gömd bakom en stor snödriva. Maja och Snöflinga grävde fram den och såg att tomten stod där och log.

"Jag gömde stjärnan för att testa din beslutsamhet," sade tomten. "Jag ville se om du skulle ge upp eller fortsätta kämpa!"

Maja log och svarade, "Jag ville bara sprida ljus och glädje till vår by. Julen handlar om gemenskap och att dela med sig av sin vänlighet."

Tomten kände sig rörd av Maja's ord och sade, "Då ska jag följa med er till byn och hjälpa er att fira julen. Vi kan alla vara en del av firandet!"

Tillsammans återvände de till byn med julstjärnan. När de satte upp stjärnan över torget, lyste den starkare än någonsin och spred glädje till alla. Maja, Snöflinga och tomten firade med byborna och lärde sig att den verkliga meningen med julen var att dela ljus, kärlek och vänlighet.

Maja and the Star Light

M aja was a lively girl who lived in a small village known for its beautiful Christmas lights. Every year, the Christmas star would shine over the square, spreading joy and light during the winter darkness. But this year, the village faced a big problem: the Christmas star had disappeared!

Determined to save the holiday spirit, Maja decided to embark on an adventurous journey to find the star. She bundled up warmly and set off into the snowy forest. The snow fell softly around her, and soon she encountered a friendly reindeer named Snowflake.

"Hello, Maja!" said Snowflake in a gentle voice. "I heard about your mission to find the Christmas star. I can guide you through the forest!"

Together, they wandered through the snow-covered woods, where they faced various challenges. First, they met an old owl perched on a branch, looking wise.

"If you want to find the Christmas star, you must solve a riddle," hooted the owl. "What shines bright at night but never burns?"

Maja thought carefully and answered, "It must be the stars!" The owl nodded and gave them a clue for the next step in their search.

But their journey soon became chaotic when they encountered a mischievous tomte trying to trick them. "Wouldn't you rather play than look for an old star?" the tomte said with a laugh.

Maja was clever and said, "If you help us find the star, we can play together afterward!" The tomte, curious about the game, agreed to help them.

Finally, they arrived at a clearing where they found the star, but it was hidden behind a large snowbank. Maja and Snowflake dug it out and saw that the tomte was standing there, smiling.

"I hid the star to test your determination," said the tomte. "I wanted to see if you would give up or keep fighting!"

Maja smiled and replied, "I just wanted to spread light and joy to our village. Christmas is about community and sharing kindness."

The tomte felt touched by Maja's words and said, "Then I will come with you to the village and help you celebrate Christmas. We can all be part of the celebration!"

Together, they returned to the village with the Christmas star. When they placed the star over the square, it shone brighter than ever, spreading joy to everyone. Maja, Snowflake, and the tomte celebrated with the villagers and learned that the true meaning of Christmas was to share light, love, and kindness.

Lukas och Stjärngossens Överraskning

Det var den 13 december, dagen för Luciafirandet, och Lukas var full av förväntan. I år skulle han få vara stjärngosse i byns Luciatåg, och han såg fram emot att bära den höga stjärngossehättan för första gången. Men när han vaknade den morgonen och gick för att hämta sin hatt... var den borta!

Lukas letade överallt i sitt rum och i hela huset, men den vita, spetsiga hatten med en gyllene stjärna på toppen var försvunnen. Han kände sig både orolig och besviken – han ville verkligen inte missa Luciatåget.

Lukas gick ut till köket där hans katt Tindra låg och vilade. "Tindra, har du sett min stjärngossehatt?" frågade han med ett suck. Tindra öppnade ett öga och började plötsligt snusa runt på golvet. Till Lukas stora förvåning fann de ett litet spår av stjärnglitter som ledde ut genom dörren.

"Kom, Tindra! Vi följer spåret!" sa Lukas och satte iväg genom den gnistrande snön, med Tindra tätt efter.

Spåret av stjärnglitter ledde Lukas och Tindra djupt in i skogen, till en liten glänta som badade i ett magiskt sken. Där, mitt i gläntan, stod en liten tomte med Lukas stjärngossehatt på huvudet! Tomten såg generad ut när han mötte Lukas förvånade blick.

"Åh, förlåt, Lukas," sa tomten med en låg röst. "Jag lånade din hatt för att få lite ljus i mitt hem under marken. Det är så mörkt där nere, och jag ville känna lite av Lucias ljus."

Lukas kände först en liten ilska över att tomten hade tagit hans hatt utan att fråga, men när han såg tomtens ensamma ansikte smälte han. Han förstod hur mörkt och kallt det måste vara för den lilla tomten under jorden.

"Det är okej," sa Lukas och log. "Men varför följer du inte med mig tillbaka till byn istället? Vi ska ha ett Luciatåg, och hela byn samlas för att sjunga och sprida ljus. Du kan vara med oss."

Tomten såg tveksam ut men nickade till slut. Tillsammans återvände de till byn, där alla förberedde sig för Luciatåget. När byborna fick syn på tomten blev de först överraskade, men Lukas berättade för dem om tomtens ensamma liv under marken och hur han längtat efter ljuset.

"Kom, sjung med oss," sa en av byborna vänligt till tomten, och snart var han en del av processionen. Med ljus i händerna och sånger på sina läppar tågade de genom byn, och tomten såg ut att stråla av glädje.

Luciafirandet den natten blev något alldeles extra. Genom sin vänlighet och vilja att inkludera tomten, hade Lukas inte bara funnit sin hatt utan även spridit Lucias ljus på ett nytt och vackert sätt.

Lukas and the Star Boy's Surprise

It was December 13th, the day of the Lucia celebration, and Lukas was full of excitement. This year, he was finally going to be a "stjärngosse" (star boy) in the village Lucia procession, and he looked forward to wearing the tall star hat for the first time. But when he woke up that morning and went to get his hat... it was gone!

Lukas searched everywhere in his room and throughout the house, but the white, pointy hat with the golden star on top was nowhere to be found. He felt both anxious and disappointed—he really didn't want to miss the Lucia procession.

Lukas went to the kitchen, where his cat Tindra was resting. "Tindra, have you seen my star boy hat?" he asked with a sigh. Tindra opened one eye and suddenly started sniffing around on the floor. To Lukas' great surprise, they found a small trail of stardust leading out the door.

"Come on, Tindra! Let's follow the trail!" said Lukas, setting off through the sparkling snow, with Tindra close behind.

The trail of stardust led Lukas and Tindra deep into the forest, to a small clearing bathed in a magical glow. There, in the middle of the clearing, stood a little tomte (gnome) with Lukas' star hat on his head! The tomte looked embarrassed when he met Lukas' surprised gaze.

"Oh, I'm sorry, Lukas," said the tomte in a low voice. "I borrowed your hat to bring some light to my home underground. It's so dark down there, and I wanted to feel a bit of the Lucia light."

At first, Lukas felt a little annoyed that the tomte had taken his hat without asking, but when he saw the lonely look on the tomte's face, his heart softened. He understood how dark and cold it must be for the little tomte underground.

"It's okay," said Lukas with a smile. "But why don't you come back to the village with me instead? We're having a Lucia procession, and the whole village is gathering to sing and spread light. You can join us."

The tomte looked hesitant but finally nodded. Together, they returned to the village, where everyone was preparing for the procession. When the villagers saw the tomte, they were surprised at first, but Lukas explained about the tomte's lonely life underground and how he longed for the light.

"Come, sing with us," one of the villagers said kindly to the tomte, and soon he was a part of the procession. With candles in hand and songs on their lips, they walked through the village, and the tomte seemed to glow with happiness.

The Lucia celebration that night became something truly special. Through his kindness and willingness to include the tomte, Lukas had not only found his hat but had also spread the light of Lucia in a new and beautiful way.

Oskar och Pepparkaksmysteriet

Det var jul igen, och Oskar var fylld av förväntan. Han älskade julen och speciellt doften av pepparkakor som hans mamma bakade varje år. När doften spred sig i huset visste Oskar att julen verkligen var på väg. Men i år hände något mycket märkligt.

Just när Oskars mamma hade dekorerat den första plåten med pepparkakor, försvann de mystiskt från köket! Oskar var förvånad men också nyfiken – kunde detta vara ett julskämt? Han bestämde sig för att lösa mysteriet och ta reda på vem den "pepparkakstjuven" kunde vara.

Oskar började undersöka, och han märkte små, små fotspår som ledde ut genom köksdörren och vidare in i den snötäckta trädgården. Han följde spåren genom snön, och till sin stora förvåning ledde de honom till en gammal gran i trädgården.

Där, vid granens fot, satt en liten familj av skogstomtar. De såg upp mot Oskar med stora, oskyldiga ögon och höll varsin pepparkaka i sina små händer. Tomtarna berättade för Oskar att de varje år känt doften av pepparkakorna men aldrig haft möjlighet att smaka dem – tills nu.

Oskar log brett och bestämde sig för att ta med extra pepparkakor till tomtarna. Han bjöd till och med in dem att komma till hans familjs julfirande på julafton. När julaftonskvällen kom kikade Oskars familj nyfiket ut genom fönstren och såg de små tomtarna titta in från trädgården. Alla blev överraskade men glada, och de beslutade att lämna ut extra godsaker till sina nya vänner varje år.

Det magiska mötet blev en älskad familjetradition, och Oskar lärde sig att ibland kan de minsta vänliga handlingarna skapa den största julmagin.

Oskar and the Gingerbread Mystery

It was Christmas time again, and Oskar was filled with excitement. He loved Christmas, especially the smell of gingerbread cookies that his mom baked every year. When the aroma spread through the house, Oskar knew that Christmas was truly on its way. But this year, something very strange happened.

Just as Oskar's mom finished decorating the first batch of gingerbread cookies, they mysteriously disappeared from the kitchen! Oskar was surprised but also curious – could this be some kind of Christmas prank? He decided to solve the mystery and find out who the "cookie thief" could be.

Oskar began investigating and noticed tiny footprints leading out through the kitchen door and into the snow-covered garden. He followed the footprints through the snow, and to his great surprise, they led him to an old pine tree in the backyard.

There, at the base of the tree, sat a little family of woodland tomtar. They looked up at Oskar with big, innocent eyes, each holding a gingerbread cookie in their small hands. The tomtar explained to Oskar that every year they had smelled the wonderful gingerbread but had never had the chance to taste it – until now.

Oskar grinned widely and decided to bring some extra gingerbread cookies for the tomtar. He even invited them to his family's Christmas celebration on Christmas Eve. When Christmas Eve arrived, Oskar's family peeked curiously out the windows and saw the little tomtar peeking in from the garden. Everyone was surprised but delighted, and they decided to leave extra treats for their new friends every year.

This magical meeting became a cherished family tradition, and Oskar learned that sometimes, the smallest acts of kindness create the biggest Christmas magic.

9 798227 247582